돌의 단상

돌의 단상

이시향 시집

도서출판 천우

● 시인의 말

젊은 날 푸시킨의 '예프게니 오네진(Yevgeni Onegin)'에 심취한 적이 있다.

그때 세상은 아름답고 詩는 신성한 것이라고 믿었다.

인생도 아름다울 것이라면 그저 작은 감동이라도 있어야 하는 게 아닌가.

이 봄날에 절반의 의식을 가지고 꽃들의 흐드러진 들길에 섰다. 이미 낙화가 시작되고 있었다. 장엄하다. 나는 무릎을 내리고 꿈꾸듯 바라본다. 제 몸을 다 던지고 자유로운 영혼이 되어 푸르게 흔들리고 있는 꽃들.

버리지 못해 버거운 삶의 무게를, 주섬주섬 모아 껴안고 있었던 창백한 언어들을 부끄러우나마 봄볕에 말려 내놓으려 한다.

이런 내 손을 잡고 교정을 함께 걸어주셨던 은사님이 보고 싶다. 훌륭한 문학인이 되라시던 그 말씀도 가슴에 있다.

나는 아직 살아 있고, 살아가게 될 것이며, 주어졌다면 詩人으로서의 삶만이 있을 것이다. 그리고 오롯이 그 길을 타박타박 걸을 것이다.

이 시집을 내 눈물의 원천인 돌아가신 어머니께 바친다.

그리고 아버지께 감사드린다.

2013년 5월 江陵

제1부

철암

제2부

무제(無題)

제3부

시집(詩集) 속

제4부

사모곡

제1부

철암

진천 소감

한 번 들면
그리운 바람 다시 못 만날 것 같아
초평 저수지 넘어
소리 없이 웅크리고 앉는 능선들
사방에 병풍을 치고 있다
그 폭마다 적혀 있는 이름들
푸른 들을 지나
검은 물길 가르는 노 젓는 이의
오락가락하는 마음 밟고
덕산교 옆 고추밭 붉은 햇살로 만나고
개구리 울음 우는 한밤까지 머물다
새벽녘 하얀 길로 떠날 때
푸르스름한 물안개 저쪽 희미한 불빛은
허황한 내 길에 피어난 꽃이다
저수지 풀숲에서 숨어 우는 새야

철암 1

전설 속
포플러 나무의 원죄(原罪)처럼
검은 산을 허리에 낀 형벌(刑罰)이라
물 마른 겨울 돌다리를
생의 뒤축 흔들리며 건너는 탄부
태백선 열차가 지날 때마다
가슴은 커다랗게 무너지고
그래도 저마다 안전모를 쓰고 지하로 간다
동발 젊어지고 천국의 계단을 오르는
철암의 시지프스
끝없이 교미하여 탄부(炭夫)를 잉태하고
산 위에 높이 앉은 모태의 피 끓음
지칠 줄 모르는 연으로
독수공방은
밤새 사철로 피는 꽃소식에
노랫가락 부러뜨리며 세월을 세다가
잘리운 약지
겨울날 짧게 젖어든 흥취에 더욱 아리고
하늘은 시리도록 푸르고
눈물은 눈보라에 얼어붙어
인동에 앓는 새벽
객지(客地)의 자식 얼굴에 주춤한다

태백의 눈[雪]은 서슬 푸르러 아름답다
봉창 찢으며 떠나간 사람들의 신발짝
개울물에 엎어져 둥둥 떠다니는
철이네가 두고 간 개 한 마리
눈발 날리는 삼방동 언덕 위에서
굶주림에 컹컹 자유를 부르짖지만
꿀물처럼 흐르던 샘과
오동나무 집도 비어 있고
몰래 누군가를 만나던 미인 바위 집도 비어 있는
하늘 아래 첫 동네

철암 2

어머니 그 슬픈 이름은
홀로 빈 들을 지키는 바람 같애요
태백산 어귀 어디쯤에 피어 있는 개망초
겨우내 문풍지를 흔들던 찬바람에
시림 잎사귀는 무슨 노래를 불렀을까요
태백(太白)의 밤은 명징하여 두렵지요
언제나 겨울 비에 하얀 가로등이 고적하고
어느 곳에선가 어두 컴컴한 철조망 아래서
갈탄을 긁어 모으고 있는 슬픈 여자들
지하 800m 막장의 동발 멘 아비들을 따라
더불어 검게 그을리는 얼굴들
어머니, 뒷산 검마루에 샘이 솟나요
피냇재 개울가에 버들강아지 피나요
태백(太白)의 봄은 눈물 속에 핀 꽃 같나요
오늘 밤도 선잠 깨우며 떠나는
청량리행 열차 기적 소리를 듣고 있어요

철암 3

꼭 화석 된 나를 만날 것 같았다
출생과 성장 사이의 세월 한 켠 쌓이고
꿈과 미래 사이의 혼돈이 쌓여서
소나무가 소나무가 되고
잣나무가 잣나무 되는
아주 옛날 그런 사실이 있었던 것 같은
두루마리로 엮어져 나올 듯한
묘한 울렁거림

철암 4

뿌리를 내릴 수 있다면
잡초 한가운데가 좋겠다 싶었지
고향은 어디에도 없는 줄 알면서도
풋풋한 정담 있어 냉혹하지 않고
서글서글한 농 있어 까다롭지 않은 줄 알았지
그러나 내 태생은 심심산골 강원도 탄광촌
이름도 많고 명분도 많은 도회지 사람들 속에서
무슨 억하심정인지 천골(賤骨)이라고 소리치고 싶었지
고상한 꽃처럼 살지 못하고
심지만 강하여 아름다움 보지 못하는
그 뚝심이 촌스럽고 시끌벅적하여
다시 홀로 봇짐 싸 들고 보니
여기저기 기웃거린 세월이 허전하지
수액을 밀어 올리듯 물기 그득한 마음속에
다시 내리는 거지
고요하고 적막한 두메산골
강원도 탄광촌에서

철암 5

— 병정놀이

철암극장이 공터로 변하고 아이들의 놀이터가 되었다
낮은 담 너머로 물이 흐르고
철모 대신 버려진 안전모를 쓰고
아이들이 병정놀이를 한다
중학교 때 학생 입장이던 영화가 떠오른다
임예진과 이덕화가 주연이었던 진짜진짜 좋아해
눈물을 뚝뚝 흘리며 보았던 그 영화
아이들의 병정놀이를 보면서 눈물은 왜 나는 걸까
내 심정 모르는 아이들은 천사고 제갈공명이다
눈이 초롱초롱한 여자아이가 옥수수 잎사귀로 치마를
만들어 입고 내달아난다
예나 지금이나 사내아이들은 앞서서 전진하고
여식(女息) 아이들은 촐랑촐랑 안전모도 쓰지 않고
사내아이들을 따르고,
아이들의 병정놀이에도
철암의 역사(歷史)는 흐르고 있었다

철암 6

잠결에 누군가 문을 두드리는 소리를 들었다
문을 열자 찬 공기와 함께
얼굴 하나 디민다
인수라는 사람
서울 명문대를 나왔다는 정신이 약간 나간 사람
동네 심부름을 하며 목숨 부지하는 사람
나는 냉수를 한 그릇 떠 주었다
금세 밝아지는 얼굴
그 순간 그는 마음속에
사철나무 앵두나무를 심고
새와 꽃을 함께 사는 거겠지
신문지에 인수라고 쓰고
깔보지 말라 한다
밤마다 시집간 누이 집에서 잠을 청하고
아침이면 조갈이 생기는지
매일 문을 두드리는 인수는
철암에서 제일 행복하다

철암 7

— 슬픔걷이

마음의 절반도 못 채울 보석이라
소리 없이 반짝이는 별빛
삼백 예순 날
무수한 꽃들이 피고 지고

내가 어디에 있느냐
빗소리가 밤새 슬픔을 훑고 가도
온 방 그득한 물기

분열하는 푸른 빛
새벽녘, 철암의 시지프스
햇살로 살아 구름을 닮는 저 한(恨)

지붕이 낮은 집
마루 끝에서 나는 운다
고양이 방울 소리를 따라 간
그 위대한 사랑
머리맡에서 서성이는 상처에
부끄러운 꽃 한 송이 하혈(下血)을 한다

섬 1

섬에서는 물을 마시며 산다
온순한 당나귀
물처럼 의심스러운 그 긴 귀의 그림자에
비밀이 숨어들어
귀앓이에 밤을 지새며 우는
섬에서는
외로운 새들이
섬 끝을 향해 나는
바다는 가만히 있는데 저만 흐르는 섬에서는
흐르는 섬 따라
외로운 새들이 끼륵끼륵 날고
당나귀와 새와 함께
섬에서 물 마시며 산다

섬 2

섬, 보인다
사람이 제일 먼저 보인다
얼굴부터 눈부터 눈빛부터 마음이 보인다
내 마음도 동시에 보인다
비겁하게
섬, 상대적이다
사람이 웃었다

얼굴부터 눈부터 눈빛부터 마음이 웃었다
내 마음도 동시에 웃었다
섬, 사라진다
마음부터 눈빛부터 눈부터 얼굴이 사라진다
내 마음도 동시에 사라진다

섬, 돌아다니면서 나는 울었다

섬 3

섬 근처에는
호기심 난 바람들이 많다
어느 날
끈끈한 바람이
어둠의 축대 같은 어깨 위에
목숨처럼 내려앉아
살을 녹이더니
하얀 새가 되어
일몰(日沒)의 바다 속으로 추락했다

섬 4

섬은 여러 개이면서 하나다
조화(造花)들이 핀
바다가 없는 섬
섬이 춤을 추며 운다
자정이 지나면
배를 탈 수 없는 종로 2번가에
낯선 남자(男子)를 따라 사라지는
섬,
귀걸이를 달고 밤바람에 흔들리며 사라지는
아, 그 슬픈 섬

금진항

봄

금진항 산자락이 흰 꽃띠를 둘렀다
아름다운 망각에 숨 가쁜 향기
바람을 앞질러 산길 달려 내려와
허허로운 가슴팍에 턱 와 안긴다
산 빛은 바다에 잠겨 슬픔이 깊어 보이고
아, 저리도 하얀 꽃잎
낙화를 예감하는 햇살 몇 줌
바다 위에서 은빛으로 튀고
머리 털며 너울거리는 해초(海草)
여러 날을 해면 속에서 견뎌온
바다는 깨고 저문다

가을

가을비 뿌린다
큰 바다로 나가고 싶은 것은
막막한 꿈이 아니다
머지않아 어둠에 익숙해지리라
등대는 아직 견고하다
낚싯바늘을 물다 피 흘린 물고기들
세상에서 가장 힘없는 자들을 용서하고

깊은 바닷속을 유유히 헤엄쳐 다니는
기막힌 아름다움
안개를 걷어내며
하얀 바닷길을 드러내는
새벽 금진항
이미 떠나가는 배
서둘러 배웅하고 돌아서 오는 해부(海夫)들
서서히 해면 위로 떠오르는 태양 아래서
얼굴 붉히면
비끌어 매어 온 기다림 지울 수 있다
그래도 눈자위 비비며 짧은 잠
검푸른 바닷물에 씻어내고
어망을 기우던 어부들
또다시 출항(出航)을 서두른다

강문 바다

마음이 아릿하여 파도는 푸른가
밤마다 몸살 앓으며 천 년 만 년
검푸른 연(緣)으로 만나
새하얗게 질리던 한낮에는
비를 부르는 제를 올리기도 하지
병색(病色) 완연한 해 저무는 불안의 시간을 건너
완전한 어둠이 오면
떠도는 목숨 같은 집어 등(燈) 불빛 편편히 뜨고
수평선 어디쯤에서 자맥질하던
일출(日出)의 붉은 꽃이 헤프게 몸을 드러낸다

소금강

참나무 숲에 들어
그림자 울리는 나무를 보았다
해는 절벽 끝에 서서
한 발 나무 등걸에 내딛고
해실해실 웃고 있는데
한여름, 폭포에서 길을 잃어버린
새 한 마리 종종걸음에
산길은 멀고 어둡다
바위에 발자국 찍으며
굴참나무 지난 지 오래인데
드러누운 나목들
다닥다닥 구름 한 점 없는
하늘 울리며 타들어가는
여름 볕 껴안는다

높새바람

지난밤, 봄을 기점으로 사랑은 하향선을 나타냈습니다
붉은 얼굴로 하나 둘 제집을 찾아들어가는 새들,
바다 내음은 잊었습니다 등대를 향해 울리던
뱃고동 소리도 멎었습니다
눈멀고 귀먹은 갈매기들 어망을 찢는 밤
바람은 구들장 베고 눕습니다
텔레비전 뉴스에서 이상기온을 보도하며
사랑전선은 평형을 유지하라고
선포합니다
바람이 잦아들면 저마다 문을 열고
빼꼼히 내다볼 것을 압니다

즈므마을

송향리행 버스는
빗물이 고인 길을 참방참방 달려간다
넝쿨장미 몇 송이 고개 돌리며
수줍게 빨개지는 마을회관을 지나고
온 산 나무들이 모여
풀들이 수다스럽다고
어진이네 삽살개는 철없이 짖어대고
다은이는 웃음소리 비눗방울처럼 날리고
초록 달개비는 종알종알 바람과 논다
산모롱이 돌아 파밭 지나면
세상에서 멀어지는 길을 만날 수 있어서
죽은 자들도 새들과 언덕 위에서 살고
감자밭, 고추밭, 깨밭, 배추밭
댓돌 위에서도 풀들이 살아가는
즈므에 하얀 달이 떠오르면
아이들은 뜰 앞으로 쏟아져 내린다

두문동재

두문동재에 가을비 뿌린다
싸리나무 바람 속에서 울던데
긴 두루마리 풀며 재 넘어 가는 촌부(村夫)
불도저에 꺾인 산허리 부여잡고
밤꽃 내음 피어오르는 나무들을 배웅하던데
들국화는 꽃들이 죽고 난 무덤 속으로 들어가고
안개 속에서 까마귀가
과육(果肉)을 파먹으며 달아나던데
저—기 다른 산 하나 쓰러진다

제2부

무제(無題)

무제(無題)

나 돌아가네
사무치도록 그리워
그림자 끌며 돌아가네
기쁨 따위 허황한 거라며
처연히
그러나 완강하게 돌아가네
어리석은 눈물로 내리는 비
슬픔을 대속하여 내리는 비
한 가슴 무너져 뒹구는 빗길로
웃음을 물고
미친 듯이 미친 듯이 돌아가네

다시 사랑이

온몸으로 울어 목쉰 너의 노래
푸르던 잎 시들어 간 숲은 어두워
하늘에 구름만 무심히 흐르는데
야윈 바람이 채근한다 하여
다시 노래할 건가
목숨으로 견뎌온 세월
새삼 속살 내비칠 까닭 무언가
어디에고 동반의 비애는
한 빛깔로서는 부족한 데 있는 것
숲은 그 자리에 구름은 흐르게
새는 죽을 만치 울다가
아무도 없는 강둑에라도 나가
허황히 앉아 있으면…

편지 1

한낮에 햇볕 쬐러 정원에 나섰습니다
슬픔이 데워지는 듯 가느다란 행복감이
밀려 왔습니다
담장 너머 유도화 나무 아래
여인 하나 턱 괴고 앉아
기다림을 세고 있습니다
작은 새 한 마리는 나뭇가지에서 내려와
콩콩 뛰어 다니고
어디선가 불어온 바람에
간신히 매달려 있던 사과 하나가
툭 하고 떨어지자
서늘했던 가슴이 무너지고
나는
눈을 들어 먼 하늘을 하염없이
바라보았습니다

편지 2

바람이 무섭게 불어댑니다
그러나 창문을 닫지 않았습니다
머리맡에 바람에 닿아
생각을 흔들어 깨웠지만
그래도 잠을 청했습니다
꿈 앞에서 서성거렸더니 바람이
자꾸만 내 팔을 끌었습니다
나는 바람 소리를 들어주었습니다
온밤을 그렇게 몸부림치더니
동이 틀 무렵 슬며시 사라졌습니다
파랗게 멍든 새벽이 꺼칠한 얼굴을 하고
한 방 가득한 상념을 훔쳐 보았습니다
이제 나는 조용히 창을 닫습니다

편지 3

저무는 하늘 저편에 달이 떴습니다
이슬이 내리기 시작하고
나무들과 꽃들이 어둠에 잠기기 시작했습니다

멀리 마을에 불이 하나 둘 켜지고
달빛은 더욱 교교해졌습니다
어디선가 개 짖는 소리 들리고
집으로 향하는 발길 뒤로 그림자가 따라옵니다
언젠가 함께 걸었던 얼굴 하나
달 속에 있습니다

하얀 길 뒤로 살포시 걸으며
그립다고 작은 목소리로 말했습니다

꽃가루

꽃가루가 흩날린다
온 세상이 부음을 알리듯이
보이지 않으면 창백한 곡소리로 떠돈다
보다 가난하여 초라한 자들은 안다
그것이 낙조(落照)의 하늘을 나는 혼임을
고요한 울음으로
어디 종말을 예감한 영광 접을 이 있는가
하면
절망 부호여, 애틋한 정 기억하게 하여도
꽃가지 흔들며 지나던 바람 잊었노라던
도처에서 분노하는 장님들은 무언가
푸른 들에
영락하는 시절에 저항 없이 쓰러지라면
차라리
보이지 않으면서도 보인다고 아우성치는
너무도 작은 그 우주 위에
희고 포근한 눈송이로 내리면 어떨 건가
낙조의 하늘을 나는 꽃가루, 너는
살아온 날의
희억이다

이유도 없이

날은 저무는데 발길이 떨어지지 않는다
휘파람새 높은 나무 뒤에 숨어서 울기 시작하고
바람이 비를 몰고 숲에 와 안기는 저녁에
뼈 속까지 저리던 아픔은 무디어져
이름 모를 고통으로 서성인다
말할 수 있는 입은
커다란 나뭇잎이 소리 없이 떨어지듯
속으로 앓는 침묵의 칼이 되어
하루하루 심장만 도려내고
맑은 물이 흐르는 물가에서
붉은 꽃들이 고여 몸부림치는
살아 있음만 꿈꾼다
목을 뚫고 터져 나오는 소리가
누군가의 귀에 들릴 수 있다면
그것은 절망한 자의 울음소리라는 걸 알까
싹도 트지 않는 땅을 밟으며 기다린다
둔감한 손가락으로 귀를 후비며

풍장

병풍 몇 폭 지어놓고
물 때 업고 사라지는 해안선
새들 하얗게 앉아 제를 올린다
바위 틈새 푸른 이끼
검게 탄 적벽 층층이 밟고 내려서니
물길이 하나다
썰물에 척척 씻겨 바람에 마르리라
뻘 박고 엉겨붙어 뿌리박고 누웠는데
주섬주섬 세월 몇 폭 접어
물속으로 뛰어드는 채석강
세상 버리는 소리다
흐르는 물은 속앓이를 하는 법
한 겹 한 겹 뒤채다
수면으로 떠오는 달빛 펴다
샛강 짓는 소리
불덩이를 떼어다 타오르는 소리
석수장이 정 하나 들고
쩡쩡 우는 절벽 아래서
풍장을 서두르고 있다

초면(初面)

— 뱀사골에서

실비가 눈먼 바람 손에 이끌려
흘러내린 길들 말아 올리고 있다
사뿐사뿐 꼬리 끌며 조금씩 그 길 젖고 있다
구경꾼처럼 비켜서는 나무 그림자
선명한 경계 지우며 차갑다
내 꼬리가 되어 벗어나지 못하는 길
똬리 틀고 앉아
마른 햇살만 뜯어 먹고
모가 나서 부끄러운 천형(天刑)
머리만 저 험한 길 끝에 꽂혀
온몸에서 터져 나오는 붉은 산울림
언젠가는 한 점
내 손안에서 만날 인연인데
천연덕스러운 뱀사골
자분자분 세상 밖으로 흐르라 이른다

춘향사모

한여름 밤 수양버들
달빛에 하얀 허리 드러낸다
늑장 부리던 어둠 슬금슬금 피어나
비어 있던 연당 연못
물 차고 오르는 물고기 한 마리
연꽃잎 톡톡 두드리며 수다스럽다
수백 번 뒤척이던 마음
문고리 잡고 덜거덕덜거덕
어지러운 소리를 물리치고
버선발로 서성이던 뜰 안에서
서늘한 저고리 앞섶을 여민다
밤은 깊어 가는데
광한루 초롱 불빛 난간에 기대어
무심히 흔들리고
지나는 밤바람 어깨 안고
수양버들 긴 머리채 휘감으며
달빛 따라 교각 위로 오르더니
담장 너머 긴 목 내밀어 볼 뿐

통리역

안개 업은 비가 달려 나온다
나는 훌쩍 뛰어 오르고 싶은 것이다
오랫동안 그 슬픔을 만나지 못했다
역사에 피어 있던 철쭉은 표찰구 옆에서 웃고 있었는데
갈탄불 꺼진 식당 안 노인
까마귀 울음소리를 뜯어 날리고 있었다
오랜만에 만난 슬픔이 비릿한 냄새를 풍겼다
이제 기다리는 사람은 없다
기적 소리는 슬픔을 베어 먹으며 대합실을 떠나간다
그 옛날 뚝섬으로 간 숙이, 평행선의 행복은 전해지지 않고
창구 안 아가씨 머리를 내밀고 속삭인다
파인애플을 알아요 향기가 멋져요
초록 껍질 속에 노오란 속살이 있다니까요
나는 돌아돌아 통리역에 내린다
속살 노란 슬픔을 만나고 나는 전화를 건다
여기 통리역이에요

서호(西湖)*

그녀가 조각달로 떠서 푸른 물과 만나는데
사락사락 나무 그림자 옷깃 부비며
첨벙첨벙 뛰어드는 적막을 다독이는데
새들 부리 치켜들고
그녀의 높은 이마에 원을 그려대는데
붉은 꽃잎 너울너울 뱃길을 휘돌아
타오르는 불빛 펴내어 이슥토록
편편(片片) 조각보 지어 보니 눈물이 그득하다.

* 서호(西湖) : 중국 항주 소재.

4월

달그락 달그락
구슬 한 알 두 알 꿰듯
세월 세다 보니
예전 흔들리던 봄날은
간 곳이 없습니다

햇살 따라 호수를 돌아
바다 차고 오르던 바람
갈대 어우르는
예전의 흔들리던 봄날은
간 곳이 없습니다

지금 사월 봄날
목련 꽃 져버립니다

풀잎

강 건너 붉은 벽돌집
저녁놀에 붉게 달아오른 얼굴
강에 드러눕는 풀잎
희고 부드러운 살
가시덤불을 타고
햇살 벗기며
사라지는 운명에 축복하고
뿌리로 흔들리다
배꽃 되어 나는 예정된 시간에
온전히 일어서는 푸른 날
사르르 타고 흐르는
그, 풀잎 속에서만 산다

고백 1

문이 조금씩 열리고 있었던 거예요
뒤창 너머 꽃구경하던 날 수놓인 베개 홑
물 속에 넣었더니 부스럼이 동동 떠올랐어요
겨드랑이가 가려워지더니 한나절이나 녹아났아요
그제서야 햇살이 온몸 숙여 거꾸로 쏟아졌어요

고백 2

수분이 날아간 푸석푸석한 얼굴
붉은 과육에 버짐이 피었어요
냉장되어 있었는데 털이 송송하던 살갗에서
상처가 피어났어요
뒤척이던 물, 하얀 분이
풀리고서야 10℃ 이하의 경계를 탈출할 수 있었어요

고백 3

해거름이 문밖에 비스듬히 누워 그림자 지웁니다
문이 스스륵 열리고 먼지 몇 알 휩쓸려
하늘이 내려앉은 벌판으로 달려 나갑니다
하얀 달 등에 업고 우물로 달려가던 기억
두레박 속 목숨 하나 건져냅니다

고독 1

아무라도 만날 수 없는 곳이라면
아무것도 추억하지 않아도 된다
비 내리는 밤
저벅이며 오는 빗소리에
천 년이라도 홀로일 수 없어
바람 소리도 이내 자정을 넘어가는데
새벽녘, 내 창 안에서
젖어 흐르는 사랑 조용히 닦아낸다

혼인(婚姻)

— 명진이에게

그대는 아름다운 사람입니다
봄밤에 걸어나온 달빛 안고
이제는 꽃처럼 흐드러지십시오
푸른 날개를 단 바람에 흔들리십시오
처음 만나는 시간들을
사랑 그 안에 담으십시오
그러그러한 날들
낙숫물 떨어지는 처마 밑에서
별을 기다리던 여심
이제 그대 치마폭에서 한없이
쏟아져 내리게 하십시오
무수한 날들
융단 되어 길 위에 드리워지고
믿음 속에서 자유로운 영혼 되어
흐르는 강처럼 굽이굽이 흐르십시오

신여성(新女性)이 되어

손톱만 한 별을 부벼대면서도 낮달이
살아 펄떡이는, 바다가 짐을 꾸리는 도시(都市)에서
헛울음이 지하도(地下道)에서 휘청대고, 이즈음
소용도 없는 새, 새들의 슬픔이 키득거리며
무수히 번쩍이는 빛들을 목구멍으로 말아올리는 소리는

제3부

시집(詩集) 속

무의식 속에서

가위에 눌린 밤
검은 옷을 입은 사람들이
무언가를 빼앗아 달아나고 있다
피 같은 눈물로 엮어 내었던 그리움들의 다발들
지금은 쓸쓸히 머리맡에서 시들어 감을 아는 듯
살며시 그 흔적조차 걷어내어 가고 있다
신음소리는 속으로만 비집고 들고
안간힘을 다하여
저주를 피부으며 달아나는
상념들을 쫓으며 손을 내젓는다
희미한 풀꽃 같기도 하고
절망으로 치달아도 반도 못 간
푸른 새 같기도 하고
늪 속에서의 나의 깨어 있음이여
죽어 있자고 하면 살 건가
홀로도 행복할 수 있는 낙원이라도 가는 건가
깨어나자 깨어나자
눈앞에 다가온 빛을 보자

시집(詩集) 속

자주 만날 수 있기는 하다
언어와 언어 사이에서 흘러나오는
수많은 삐걱거림들
그렇게 흘러 왔다 한다
배반한 것들을 위해 흘러 왔다 한다
시(詩) 한 편을 뗏목 삼고 박제된
노란 은행잎 몇 장
부서질 듯 부서질 듯
너무도 적막한
아! 익명의 슬픔이다

절망시편

나는 나는
세상천지 갈 곳이 없다
동서남북을 돌아
갈 곳 없는 사람
곤히 잠들고 싶다
태백산 깊은 골에
산짐승 우우 거려
상수리나무 뜬눈으로 밤을 새우는
천지사방에 먼저 변하는 사람들
계수나무 옥토끼가 달빛을 흐리는
밤하늘의 별빛쯤 없어도 사는
그래서 오솔길 숲으로 무성한
여기가 어디더라
도무지 보이지 않는 길
내 그대 잊고 사랑 잊어도
조선 팔도에 갈 곳이 없다

크로키와 보첼리

소나무와 단풍나무 푹 퍼 넣는다
바람이 몰려와 수런수런
온 세상이 시끄럽다
구겨진 캔버스 질펀한 목탄 자국
툴툴, 소나무와 단풍나무 푹 퍼낸다
드러낸 길 빗물에 고이는 가을 햇살
잠시 동안의 안식을 약속하고
몸으로 듣는 바람 소리에
잔솔가지 자지러지게 울어대는데
억새는 억새밭에서 살지 못하고
나무는 숲 속에 살지 못하고
불협화음 보첼리
깊은 골짜기로 사라질 때
정지해 있던 시실리아 땅
한 점, 바람의 중심에 올려놓고
저만치 견고한 섬 하나 그려 넣는다

사각지대(死角地帶)

버튼 키 소리에 나는 갇힌다
누렇게 뜬 조화 몇 송이
와라락 달려드는
하루 종일 겹겹이 쌓여 있던 내 몸이
빼꼼히 내다본다
문소리에 빈 촛대에서 불꽃이 타오른다
땡땡이 블라우스에서
수많은 나비 떼가 날아오르고
낮 동안 울렸을 초인종 소리
숨죽이고 있었을 머리카락 몇 올
풀쩍풀쩍 내 머리에 달라붙어
눈곱만 한 숙면을 붙들고 있었노라
오늘 밤은 떠도는 내 사랑을 붙들고
이성복의 그 여름의 끝을 열 번만 돌아보리라
원심력으로 일탈하는 내 몸
갈피마다 글자들을 파먹고
급성바이러스에 감염된 글자들을 토해내리라
사방 벽면에 사다리가 세워진다
현기증이 인다
글자들이 쏟아져 내린다
아이들은 위층에서 뛰고
문밖은 아직 고요하다

광업소의 저녁

산 빛 쓸어내리는 교회 종소리
힐끗힐끗 흙빛 내보이는 보다바 산꼭대기
금쪽같은 탄들이 물이 되었다
갑반탄부들 푸른 낯빛으로 쏟아지는 저녁
나무 십자가 위로 달이 뜬다
규폐 앓는 가슴 깊이
십일조 헌금 찔러놓고 예수 찾는 사람들
폐광은 죽음이라
믿는 자에게 복이 있나니
돌계단까지 늘어선 신도들
명품 고향 서울로 떠나고
중앙옥 미스 양도 떠나고
절름발이 최갑봉도 떠나고
오늘 하루도 무사히
해브 어 나이스 데이라고
떠도는 소문에 빅뉴스가 있다던데
시설 좋은 최대 규모 규폐병동 들어선다는데
우리 아버지
경로당 정찬 모임에서
광업소 역사서 들고
한숨 고르며 징검징검 하루를 건너시는데,

귀소

아버지 등을 비벼대며
선잠에서 깨어 보니
누런 쉰 내음이 난다
무등 타고 아버지와 극장 가던 소녀
그 해 비는 억수로 내렸지
감탕 묻은 신발보다 무거운 아버지
역행하는 열차에 실리던 밤
가라앉는 탱자나무를 보았다
덜컹덜컹 달려온 삼십 년
나무 밑동에 앉아 있던 소녀는
흰 깃발을 들고 포크레인 앞에 서 있다
여린 풀들을 삼켜버린 포크레인
반송동 장산초등학교 국기 게양대에
꿈들을 꽂아 올리고
번지 없는 골목에서는
탱자나무 꽃이 피었다
강둑을 떠도는 초록 풀피리 소리
하늘 밟고 오르며 운다
아버지, 아버지,
대한 도시바가 사라진
똥골 동네 굴다리 위로
비행기 한 대 날아오른다

그네

들창 열어보니
간밤에 다녀간 흔적이 있다
뒤뜰 가득 노란 속치마 벗어 놓고
고요한 아침 햇살
수액 빌어 올리며 하늘 밟을 때마다
황홀했더랬는데
갈래머리 한 올 한 올 흰서리 지고
꽃 진 자리에 내려앉은
내 울음소리
키 넘어 하늘 너머로
날마다 그네를 타신다
우주를 몇 개나 그리고도
자꾸만 땅 위에서 반원만 그리는
감꽃 지는 오월 닷새
어머니는 휘청휘청 떠오르지 않는
그네를 타신다

낙안읍성

섬진강 강둑이 무너져 내린다

흙발로 저벅저벅 나오는 풀들
어둠 속에서 반짝이는 눈빛
댓바람, 푸른 모과를 찌르고
대추나무 후려치며
이끼 낀 성벽 아래 감자 굽던 사람들
낮은 곳에서 당당하던
성루에 꽂힌 붉은 깃발
촌부의 굽어진 등 위에서
노을 빛깔로 나부낄 때
낙안읍성 붉은 강
평화 한 삽씩 떠오른다

부고를 받고

서울대학병원에 다다르니
첫눈이 투슬투슬 내렸다
강릉발 서울행 버스에서
나는 오래전 유년의 동산
찔레꽃을 보았다
차창 밖에서 초승달이 쉬지 않고 따라온다
철없게도 내 마음 훑어내리다가
어느 산등성이 넘나 싶어 마음 놓았더니
그새 창가에 와서 내 얼굴 들여다본다
새털 같은 인생도 저토록 끈질긴 것이라면
가는 길은,

서울대학병원 담벼락에서
찬바람을 만났다
너무 이른 서리에 속을 다 채우고
떨어진 작은 열매 주검이
나뭇잎 더미에 실려 굴러갔다
여기 장례식장 11호 구석진 자리에서
참 귀찮기도 하겠다
하얀 국화만 소복이 쌓이는 네 몸은
참 향기롭겠다
몇만 원의 여비밖에 줄 수 없는

빈손 주머니에 찔러놓고
포로롱 날아오르는 흰 나비 데불고
너의 영정 사진 속에서
불혹을 넘겨 희끗희끗 돋아난 길
되돌아간다
쉽게 젖지 않는 마음
성큼성큼 밟고 가는 너를 보며
눈물 한 방울 떨어뜨린다

소

경운기 로터리 치는 소리가 산자락 울리는
화전 귀퉁이에 매여 있는 누렁소
안반덕 비탈에서 그윽한 눈빛을 던진다
열두 살 생 고삐 넘어
슬쩍 던지는 것이었는데
앞니 없어 성가시게
되새김하지 않으면 잃어버리는 말
밭이랑에 서서 한 번 울어주면
이 음절의 말이 먼 산으로 날아 화답하고
지난해 박혀 있던 씨알
헉헉 파헤치면
봄볕에 따가운 등허리
땡그랑땡그랑, 뒤척이며 잠든 밤
코뚜레 벗고
사립문 돌아 언덕에서 풀 뜯으며
채마밭 흙 갈이에 뿌듯한 삶이었는데…

돌의 단상

세상에는 선량한 몇 개의 돌이 있다
미끈거리는 돌 사이에서
가끔은 희번득이기도 하고 가끔은 굴러굴러
어둠이 도주한 모퉁이에서 넘어져 주기도 하는
돌과 야합하는 물이 있다
거침없는 물, 쓰러질 듯, 쓰러질 듯
이끼 사이로 돌돌돌 흐르는 돌부리 신경 건들면
한순간에 무너져 내리는 믿음

반성

매일 유리벽 안을 들여다본다
봄, 여름, 가을, 겨울에도
빵 같기도 하고 보석 같기도 한데
때로는 멀리 때로는 가깝게
작정한 하루
나는 유리벽을 깨고 훔친다
아무도 보는 사람이 없다
어둠 속에서,
풀꽃과 바람이 떨어져 구른다
다시 유리벽 안을 들여다보았다
풀꽃과 바람이 보이지 않았다

주막에는

그 집, 그림 속 한 사람을 만나러 간다
쓸쓸함을 톡 쏘는 새끼 고추 맛
봄밤에 꽃잎 동동 띄운 잔 속에
얼굴들이 떠오르고
빗소리에 레오나르도 코웬도
집시 되어 기타를 울리던 엘튼 존도
잃어버린 향수가 그득하여
여름 소낙비 성큼 지나
가을 문턱까지 달려 와 보니
그 집, 음악 참 달콤하다
눈 내리는 겨울밤, 두런두런
사람들, 주막 편주에 실려 떠간다

데본 포트*에서

나는 항구에 앉아 있었다
하얀 요트들이 묶여 흔들거리고
하늘 반쪽은 갈매기 떼들을 삼키고 있었다
부두로 기어오르는 불안한 파도가
하얀 심장을 토해내며 쓰러진다
멀리 섬이 보이고
수평선이 사라지고 있었다
우울한 사랑을 앓기 시작하는
이국의 가을 항구에
뱃고동 소리가 고개를 꺾고
눈물을 흘렸다
끼륵끼륵 뻘 밭에서 우는
갈매기
불이 켜지는 항구에서
나는 하루를 콕콕 찍어 먹고 있었다

* 데본 포트 : 뉴질랜드에 소재한 항구.

한강 다리를 지나다

바람을 입에 가득 넣고
사람들이 휘파람을 분다
번호표도 없이 철로 변에서
두 발 모으고 찬송가 한 소절이
여인의 목쉰 소리에 딸꾹거린다
역내 방송에
차갑게 쓰러져 돌계단으로
한강 변을 지나는 차창 밖
회색 비둘기 한 마리로 날아오르다
돌돌 말려오는 노랫소리,
마주 보는 눈들이 반짝이는
세상에서 가장 선량한 사람들
주섬주섬 동전 내밀면
소프라노로 여인
한강 다리를 지나고 있다

분합

여러 날을 마른 풀로 살았습니다
물오른 버드나무
궂은 날 별 보듯 하며
개울가 돌다리에 앉아
물빛에 어른거리며 울었습니다
어쩌면 보꾹에 낀 검댕이 비밀로 살다가
간밤 눈보라에
툇마루 아래 내려서서
신발 찍찍 끌며 적막을 잊었습니다
자정을 건너가는 고독
별이 사라진 밤
거울 속에 얼굴 비추어 봅니다
여러 날을 마른 풀로 살다가
분합 뚜껑 엽니다

부황 꽃

비 오는 날 빗살 긁어
강변 방죽 길에 꽃씨 뿌렸습니다
부삽에 턱 받쳐 기다리던 인연
누렇게 둥둥 떠다니다
남색 저고리 섶에 묻고
마른 손 털어내었습니다
세월이 비척비척 흔들리다
멀리 날아가 버립니다
그제서야 강 언덕에
부황 꽃 부끄러이 핍니다

탄광촌 아이들

탄(炭)가루 묻어나는 다리에서
아이들은 신발을 벗기 시작했지

산을 등에 진 남자
강을 허리에 낀 여자

아이들은 걸었다
검은 물이 멎는 동구 밖까지
우리나라에서 가장 큰 세계(世界)

탄(炭)가루 묻어나는
희고 빛나는 이
원인불명의 아이들 의식(意識)

정월 초하루
아이들이 간간이 뛰고
여자들은 숨어서 쿡쿡 웃었지

아이들 지하(地下) 속
동경은
신문 보도 상 사건보다 진지했지만
창(窓)이 가리워진 겨울날
방 안에서 새들을 끊임없이
날리고 있었지

제4부

사모곡

사모곡

아버지, 어머니 못 보셨어요
새벽녘 문 안에 계셨는데
고등어조림 상 위에 올려놓으시고
구형 전화기도 남겨 두시고
뒤축 꺾인 운동화도 벗어 놓으시고
아버지, 어머니 못 보셨어요
봄날에 때아닌 눈이 내린다는데
이부자리 위에 사탕 봉지 뜯어 놓으시고
사르락 내리기 시작하는 눈발에
절룩이며 어디 가셨어요
바람결에 들리는 목소리
마음이 쿡쿡 아픈 어머니의 눈빛
정월 대보름 달빛에 울었으면 되었는데
어머니 보이지 않습니다

변심

바람 끝이 하도 매서워
언덕에 서지 못 했어예
밤이슬이 하도 차가워서
꽃을 차마 피우지 못 했어예
어떤 까닭 때문에
무엇이 되지 못하는 것은
박제된 꿈 안에 있기 때문이라예

별

푸른 체액을 흘리며
동아줄을 붙들고 하늘로 오르는
강, 어젯밤 잉태한 별 하나
자유의 성의를 입고 은하수가 되는
전설의 강

고독 2

호수 갈대숲을 노니는
오리 두 마리
토닥토닥 결 고운 파문을 그리며
서로 다른 물길로 떠 가는데
바람도 허공 어디쯤에선가
또 다른 바람과
토닥거릴 일이지만
물가에 소롯이 앉아
나무 한 그루 보지 못하는
아, 눈물 고여 흐르다
돌이 된 내 눈 안에
하얀 달만 뜹니다

외도(外道)

바이러스에
전신이 꾸물꾸물
어둠 속 불빛은 너무 강렬해
일 밀리의 프리즘을 투과하면
보인다. 전염되기 쉬운 사랑
햇빛을 받기만 해도
녹아내리는 해파리
파도에 밀려 눕는 바다
마침내 배앓이 하는 바다
해산을 서두르고 있다

공복을 꿈꾸며

천 년
불기둥
손톱 붉은 기다림
푸른 나무
하냥 높이 있어
저무는 해거름에
현기증
낮빛 야멸찬 사랑
신새벽에 떠난다
우는 바람 똬리 틀고 앉아
온 밤
낮은 곳으로 흐르기 위하여
강둑에서 하혈하는 밤
비릿한 그 사랑 떠난다

풍경

조약돌은 강가에나 있는 줄 알았다
맑은 물 속에서 눈물을 흘린 조약돌
올망졸망 아이들과
황톳빛 운동장을 돌고 있는 수녀님
세상을 시작하는 순간
아이들의 집은 어디인가
가난하고 궁핍한 사람들의 집
여기서는 어두운 서울의 하늘은 보이지 않았다
하나 둘, 하나 둘
아이들의 목소리는 봄비에 젖고
수녀님, 저녁 종을 울리고 있다

유년의 뜰

1
억새 바람에
눈물 때 묻어난다
문지르면서 한 입 베어 문
슬픔,
이가 시리다

2
비 오는 집,
꽃들이 거리에 쓰러지고
앵무새도 입덧하는 문밖
낙숫물 소리에
별이 떨어진다

3
어린 날,
우리 집 뜰에 탱자나무
고향 겨울 보리밭 뛰어다니던 문둥이
혼식장려

사람들은 거짓이란다
거짓말을 잘하는 사람들은

4
강이 허리 꺾여
너를 만날 수 없다
부스럼으로 남는 그리움
다리 걷고 앉아 씻어내었다

휴지기(休止期)

한 금을 긋다가

이별에 버금가는 점을 찍었다

비껴가는 세월만큼 차가운

바람 끝을 매만지면서

그르렁거리는 물가에 섰는가, 나는

어떤 유랑

바람 끝이 매서운 하루
여자 하나 보따리를 안고
미아리행 버스를 탔다
접힌 종이처럼
가늘고 선명한 우울
타인의 시선 속에서
고독은 번지를 잃고
슬픔을 깨문다
붉어진 손등으로 조용히 떨어지는
빵가루
놓쳐버린 행운은
자꾸만 흔들리는 버스 바닥을 굴러
무수한 사람들의 발끝에 머문다
미아리행 버스는 더 이상 먼 곳으로 갈 수 없다는 듯
어김없이 둔탁한 언덕에서 멈추고
너무나 짧은 길
안개 속에서 자유롭게
헝클어지는 여자의 머리칼
바람결에
일상(日常), 무겁게 낙하한다

가는 길에

하장 고갯길 자작나무 숲에서
햇살이 달려 내려오더니
이슬 내린 풀잎에 앉는다
나는 풀잎 손을 잡고
어머니에게 가고자 하니
어느새 파릇파릇 잔설 지우는
삼월이 앞장서 간다

상처

나를 사정없이 베어내던
칼의 사랑, 그 섬뜩함
드디어 가을은 왔다
늘 그렇게 오는 가을
보기 흉해도 꺼내 들고
키득키득거리며 본다
나의 민감성 사랑
눈물 나는 푸른 하늘을
외면하자, 도망하자
널려 있는 칼의 사랑
하얀 신발을 신고
겨울로 도망한다
아, 매끈거리는 눈길이 보인다
쓰러지는 사랑이 보인다

어머니와 나는

창 밖에는 눈이 내리고

나는, 어머니 손을 잡고
똑.딱.똑.딱
손톱을 깎는다
적막한 슬픔이 서성거리는
불 꺼진 병실에서
오늘은 어머니의 잠 속으로
걸어 들어간다

정월 초하루
하얀 저고리를 입은 어머니
소나무 숲에 들어
눈꽃이 되시려나
한 잎처럼 누우시어
바람에 떠 가시려나

창 밖에는 눈이 내리고

해녀가 되어
미역줄기 목에 감고
파도를 타는

어머니의 바다가 보인다

돌아갈 수 없는
어머니의 바다
새벽녘, 어머니는 자꾸만
빨간 양말을 벗어내신다
그리고 꿈길을 걸어
이제 문 앞에서 서두르신다

어머니

붉은 꽃을 들고 어머니에게 간다
바람은 눈물을 채어가고
비누 꽃은 눈물에 녹아났다
회한의 붉은 꽃
가을볕에 타며
어머니, 분단장 하시려나
간밤 꿈속에 나타나시어
뒷모습만 보이시더이다
새들이 콩콩 뛰어다녀도
묘떼가 과육을 먹어대도
어머니는 영양 미음처럼
크륵크륵 막걸리 들이키시는데
오징어를 씹으며
나는 부끄러운 삶을 운다

7병동은

— 제4일

자정을 넘기지 않기 위해
절룩이며 달려갔어요
제7병동 팻말이 붙은
터널은 위험해요
나는 얼른 구두 뒤축에 박혀 있던
눈물방울들은 뽑아내었어요
슬픔들이 역행성 패혈증에 전염되면 큰일이거든요
천장에서 실내등이 희미해지는 시간
붉고 하얀 알약을 삼킨 어머니는
박하 같은 외로움을 토해내고 있었어요
집으로 가야, 집으로 가야
길이란 역행하면 안 되는데
세 밑 의사 선생님이 집 나간 수액들을
어머니 성(城) 안에 붓고 또 붓고 있었어요
그리고 아직은 on air라고 했어요
나는 꺼이꺼이 우는데
마른 잎처럼 누워 허황히 나를 보시는데
시계추는 네 시를 가리키고
저 위험한 터널 안으로
간호 부대들이 지나가며 힐끗거리는 거예요

87년 5월

선불리 들리는가
목이 타는 사람들아
새벽녘에 갈매울음으로 타는
씨올의 소리
아직은 황토(荒土)인 세계에 있다
깊이 갈앉는 하늘이 왜 이리 슬픈지
아무도 깨어 있지 않은 미명의 날에
몸살 앓으면
들리기는 들린다
사람들아
어느 모퉁이에선가 살아 있을
비릿한 역사다
어둠을 짚으며 게걸음 친
모가지를 세우고
뿌리로 만나 버팅기는
여린 풀깃의 아우성임을 아는가
비로소 비 내리기 시작한 하늘을 두고
지렛대에 의지를 꽂아 퍼올리는
숨죽인 목소리들이
비척비척 땅 끝으로 치닫는
서러운 조바심에 피 끓고
보이면서 보이지 않는

그러나 세월 털며 일어서는
소리의 생명이 더 이상 애처롭지는 않다
선불리 가는가
목이 타서 절로 흐르는 사람들아
흙발로 언덕을 오르며
모아 쥐었던 손바닥을 펴고
어디선가 불어오는 바람에 땀을 말리면
건강한 근육의 소리들

빛으로 쏟아져 내리는
지금도 노래하는 사람들아
누구나 어우러 쓰러지며
슬픈 노래를 부르자
그대 벙어리 입술로 노래하고
그대 천근의 아픔 걷어내자
여기 둥우리를 튼 사람들
낮은 뼈의 소리
살아 그 가슴에 머무르고
살아 그 푸른 소리로 불리어 가라
하여, 차라리 부족한
아직은 황토인 세계에서
더불어 귀를 열고 가자

할머니의 초상

할머니
달랑 삼베 수의 한 벌 걸치고
지팡이도 없이 대숲에 드신다
댓바람 하얗게 나부끼는 날
처녀 적 붉은 댕기, 칡뿌리에 쌓여 참 단맛이었다
내일모레면 정월 초하루라
설빗설빗 눈송이도 자리를 뜨는데
부랴부랴 젯밥 드시러 삼경 넘어 가신다
철없는 막내 이모
버선발로 소리친다
까마귀도 운다, 까마귀도 운다
자궁보다 깊은 자리
허리 아프실까 머리 북향에 곧게 두고
흙 향내 나는 이불 겹겹이 덮으시고
골 아래 언덕에서 아지랑이 피어오르면
얼른 일어나시어 이 집 저 집 들르셔서
정선아리랑 애잔하게 부르시어요
해는 가곡산 넘고
남아 있는 사람들 산 내려가고
나무들만 제자리를 지키는데
할머니는 새터에 드셔서
훠이훠이 손사래 치신다

이시향 서술시(敍述詩)의 균제미(均齊美)
— 제1시집 『돌의 단상』 평설(評說)

石蘭史 이 수 화
(사)세계문인협회 고문, 한국문인협회 · 국제펜클럽 원임부이사장

1.

이시향 시인의 시(詩)는 서술시(敍述詩) 세계의 아름다운 형상화 결정체(結晶體) 구현으로 요약된다. 시적(詩的) 오브제, 즉 사물을 통찰하는 이시향의 지정합일(知情合一)의 상상력은 그의 시의 미학(美學)에 균제미(均齊美)를 거두는 수사력(修辭力, Rhetoric)과 더불어 독창적 감수성의 세계를 창출한다. 이와 같은 그의 서술시(敍述詩, Narrative Poem) 특유의 미학은 사물의 리얼리티와 언어의 세련미와 더불어 (통합되어) 이시향 시(詩)만의 독보적 정조(情操)를 거둔다. 가령, 시집 타이틀의 텍스트 「돌의 단상」부터 보면,

세상에는 선량한 몇 개의 돌이 있다

미끈거리는 돌 사이에서
가끔은 희번덕이기도 하고 가끔은 굴러굴러
어둠이 도주한 모퉁이에서 넘어져 주기도 하는
돌과 야합하는 물이 있다
거침없는 물, 쓰러질 듯, 쓰러질 듯
이끼 사이로 돌돌돌 흐르는 돌부리 신경 건들면
한순간에 무너져 내리는 믿음

—「돌의 단상」 전문

이시향 예시(例詩) 「돌의 단상」은 이야기를 서술형식을 통해서 형상화하는 서술시(敍述詩, Narrative Poem)이다. 넓은 의미에서는 서사시, 서사 민요도 서술시에 포함되지만, 예시와 같은 '서술적 서정시'를 그냥 '서술시'라 치부한다. 거듭 말해 서사시와 서사 민요는 서술시이기는 해도 마냥 서술시라 하지 않고 서사시, 서사 민요라 하고, 예시처럼 서술적 서정시만 '서술시'라 하는 것이다. 또한 거듭 말해 예시 「돌의 단상」은 이야기를 서술형식으로 형상화하고 있으므로 저 시는 서술시임에 분명한 것이다.

이시향의 예시 「돌의 단상」의 서술시 첫째 자질은 이 시가 '이야기'를 가지고 있다는 것이다. 즉, 돌과 물의 야합(野合)이 파탄(破綻)되었을 때 '물'이 '돌'에 의해 무너진다는 '믿음' 이야기이다. 물처럼 낮은 데로만 흘러 마침내 바다라는 넓고 넓은 가슴의

존재가 되는 노자(老子)의 상선약수(上善若水) 사상(思想)은 예시(例詩) 「돌의 단상」이 서술시의 자질인 이야기성(性)을 충족시켜주는 키워드인 셈이다. 저러한 물[水]의 겸양과 포용의 이야기성(상징성)을 파탄(破綻, 물길을 가로막는 돌)에 이르게 하여 상생의 믿음을 상실케 하는 예시의 이야기성과 그 서(사)술성은 이시향 시의 주밀한 수사학(修辭學, Rhetoric)과 존재론적 불합리성에 대응하는 정조적(情操的) 민활한 반응력으로 시 「돌의 단상」에 형상화되고 있는 것이다. 척박한 언사로 말하자면 물과 돌로 상징되는 현실 삶의 상쟁(相爭)을 가로막는 원리는 이 시집을 관통하는 '이시향 포에지'의 화쟁지향적 길항의식(拮抗意識)에 다름 아니다.

여기 그 이시향 시정신(포에지)의 적나라한 서술시 전형화 실제를 매우 완성도에 핍진한 예시를 들어 살펴본다.

철암극장이 공터로 변하고 아이들의 놀이터가 되었다
낮은 담 너머로 물이 흐르고
철모 대신 버려진 안전모를 쓰고
아이들이 병정놀이를 한다
중학교 때 학생 입장이던 영화가 떠오른다
임예진과 이덕화가 주연이었던 진짜진짜 좋아해
눈물을 뚝뚝 흘리며 보았던 그 영화
아이들의 병정놀이를 보면서 눈물은 왜 나는 걸까
내 심정 모르는 아이들은 천사고 제갈공명이다

눈이 초롱초롱한 여자아이가 옥수수 잎사귀로 치마를
만들어 입고 내달아난다
예나 지금이나 사내아이들은 앞서서 전진하고
여식(女息) 아이들은 촐랑촐랑 안전모도 쓰지 않고
사내아이들을 따르고,
아이들의 병정놀이에도
철암의 역사(歷史)는 흐르고 있었다

—「철암 5–병정놀이」 전문

이시향의 위 예시 「철암 5」는 서술시의 기본 자질인 시의 이야기성이 이 서술시의 성공 요인으로 크게 기여하고 있다. 그것은 시적 주체가 경험한 바의 과거 공간인 '철암극장' 에 대한 회고조의 감회 짙은 후일담인데, 이 후일담이 예사롭지 않다는 데에 이 서술시 미학의 형상미 가치가 있다 하겠다. 공터가 되어 아이들의 놀이터가 된 '철암극장' 은 시적 주체의 눈물을 뚝뚝 흘리며 보았던 영화가 있는데, 아이들의 병정놀이를 보면서 눈물이 왜 나는 것일까 화자는 자문한다. 이 자문에 스스로 답하는 서술시 라인이 앞서의 자문행(自問行) 다음에 오는 "내 심정 모르는 아이들은 천사고 제갈공명이다"라는 서술이다. 다시 말해 시적 주체의 옛 철암극장에서 본 영화의 감동(슬프고도 애틋한)이 회상되는 것이긴 하지만 그 폐허에서 병정놀이하는 아이들은 그 영화처럼 슬프지만은 않은 존재자들임을, 그 아이들의 천진난

만함에 화자 자신의 슬프고도 애틋했던 비극(悲劇)의 영화적(映畵的) 삶은 없어야겠다는 그런 화쟁의식(和諍意識)이 앞선다는 이야기이다. 이시향 서술시의 휴머니즘 메타포어 형상화이다. 아무리 슬픈 추억이라도 추억이란 아름답지만, 차마 어찌 저 천진난만한 아이들에게 그것이 되풀이 될 수야 없지 않는가. 그런 이야기의 뛰어난 서술시가 바로 예시인 이시향의 「철암 5-병정놀이」이다. 특히 이시향이 시인적(詩人的)인 유자정신(儒子精神)인 측은지심(惻隱之心), 즉 아이들의 병정놀이에서 사내아이와 여자아이를 대비해보는 시적 주체의 의식은 더욱 '철암' 이라는 시공간상(時空間上)의 역사성(歷史性)에까지 연결돼 시인의 역사의식이 얼마나 도저한가를 드러내 보인다. 이와 같은 이시향 서술시 정신은 그의 삶의 시인다운 스탠스(Stance)를 결정해주는 삼엄함이며 이시향 서술시가 미학을 거두는 촉매제가 되고 있다. 이제 본장(本章)으로 넘어가 성공시편들 디테일에 더욱 주목해 봄으로써 이시향 서술시의 균제미론(均齊美論) 소고(小考)의 졸견(拙見)을 다할까 한다.

2.

이 시집 『돌의 단상』(2013. 5. 도서출판 천우 刊) 평설 제목으로 나는 '이시향 서술시(敍述詩)의 균제미(均齊美)' 를 내세웠다. 서술시라는 개념은 앞장에서 기술했고, 이제 여기서는 '균제미'를 말해야겠다. 예시를 들어 말하고 인지하는 것이 좋을 듯하다. 가령,

잠결에 누군가 문을 두드리는 소리를 들었다
문을 열자 찬 공기와 함께
얼굴 하나 디민다
인수라는 사람
서울 명문대를 나왔다는 정신이 약간 나간 사람
동네 심부름을 하며 목숨 부지하는 사람
나는 냉수를 한 그릇 떠 주었다
금세 밝아지는 얼굴
그 순간 그는 마음속에
사철나무 앵두나무를 심고
새와 꽃을 함께 사는 거겠지
신문지에 인수라고 쓰고
깔보지 말라 한다
밤마다 시집간 누이 집에서 잠을 청하고
아침이면 조갈이 생기는지
매일 문을 두드리는 인수는
철암에서 제일 행복하다

—「철암 6」 전문

에는, 서술시 기본 자질인 이야기가 넘치고, 서술시가 서술적 서정시라는 태생성이 넘치며, 서술시의

또 다른 태생성인 서사론이 넘친다. 따져본다.

첫째, '넘친다'는 단정사는 결코, 과유불급을 말하여 예시(「철암 6」)와 같은 완성도 높은 이시향 서술시를 폄하고자 하는 바가 아니다. 그 완성도의 충실도를 말함이고자 함이니, 먼저 서술시가 서정시에서 나왔다 함부터 말해 보자. 예시 「철암 6」의 리리시즘은 그 이야기성(性)에 있다. 시적 주체의 집에 매일 신문을 배달하는 '인수'가 서울 명문대 출신인데 정신이 약간 나간 지성인으로 자존심이 살아 있고 자연을 사랑하지만 시집간 누이 집에 기생하는, 시적 주체가 보기엔 철암에서 가장 행복한 사람이라는 것이다. 인견 그렇긴 해도 독자가 보기엔 그다지 행복해 보이지 않는 '인수'에 대한 감정을 촉발하고 있는 것이 이 텍스트 서술시의 첫 번째와 두 번째 자질인 이야기성과 리리시즘이고, 마지막으로 그 서사성인 랜더(Render, 표현(表現))의 수사학(修辭學, Rhetoric)이다. 그 정점이 바로 후말행 "철암에서 제일 행복하다"고 표현한 '인수'라는 인물의 형상화의 암시(暗示)이다. 아침마다 물 한 그릇을 떠주는(떠받는) '인수'에 대한 시적 화자의 암시적 행위는 고려 태조 왕건이 저 우물가에 떠받은 물 한 바가지의 버들잎 일화보다도 아름답지 않을 수가 없다. 덕분에 이 시까지 잘 짜여진 서술적 서정시의 완벽에 가까운 미학을 거두고 있다 하겠다. 이시향 서술시의 아름다움을 대표한다. 이렇게 이시향 서술시의 '균제미'는 사랑이라는 감정과 그 사랑의 감정을 균형 있게 처리할 수 있는 이성(理性)과의 통합을 이루는 것이다. 이제 그 이시향 서술시의 몇 가지 균제미 시향성의 패턴을 보자. 행두 넘버는 평설자 편의 기호이다.

①
뿌리를 내릴 수 있다면
잡초 한가운데가 좋겠다 싶었지
고향은 어디에도 없는 줄 알면서도
풋풋한 정담 있어 냉혹하지 않고
서글서글한 농 있어 까다롭지 않은 줄 알았지
그러나 내 태생은 심심산골 강원도 탄광촌
이름도 많고 명문도 많은 도회지 사람들 속에서
무슨 억하심정인지 천골(賤骨)이라고 소리치고 싶었지
고상한 꽃처럼 살지 못하고
심지만 강하여 아름다움 보지 못하는
그 뚝심이 촌스럽고 시끌벅적하여
다시 홀로 봇짐 싸 들고 보니
여기저기 기웃거린 세월이 허전하지
수액을 밀어 올리듯 물기 그득한 마음속에
다시 내리는 거지
고요하고 적막한 두메산골
강원도 탄광촌에서

②
송향리행 버스는

빗물이 고인 길을 참방참방 달려간다
넝쿨장미 몇 송이 고개 돌리며
수줍게 빨개지는 마을회관을 지나고
온 산 나무들이 보여
풀들이 수다스럽다고
어진이네 삽살개는 철없이 짖어대고
다은이는 웃음소리 비눗방울처럼 날리고
초록 달개비는 종알종알 바람과 논다
산모롱이 돌아 파밭 지나면
세상에서 멀어지는 길을 만날 수 있어서
죽은 자들도 새들과 언덕 위에서 살고
감자밭, 고추밭, 깨밭, 배추밭
댓돌 위에서도 풀들이 살아가는
즈므에 하얀 달이 떠오르면
아이들은 뜰 앞으로 쏟아져 내린다

③

아버지, 어머니 못 보셨어요
새벽녘 문 안에 계셨는데
고등어조림 상 위에 올려놓으시고
구형 전화기도 남겨 두시고
뒤축 꺾인 운동화도 벗어 놓으시고
아버지, 어머니 못 보셨어요
봄날에 때아닌 눈이 내린다는데
이부자리 위에 사탕 봉지 뜯어 놓으시고
사르락 내리기 시작하는 눈발에

절룩이며 어디 가셨어요
바람결에 들리는 목소리
마음이 쿡쿡 아픈 어머니의 눈빛
정월 대보름 달빛에 울었으면 되었는데
어머니 보이지 않습니다

위에 예시(例示)한 이시향 서술시 세 편은 ①「철암 4」, ②「즈므마을」, ③「사모곡」 각각 전문들이다. 세 편을 나란히 병치한 까닭은 ①이 시적 화자의 고향을 떠나 방황하다가 다시 환고향한 귀거래사 서술시이고, ②는 '즈므마을'이라는 특정 공간의 전원적(田園的) 풍치를 그렸으며 ③은 어머니 행불의 서술시인데, 각각 그러한 서술시 포에지의 스탠스가 변별성을 띠고 있기 때문이다.

①이 고향 상실의 원인을 화자 자신의 신분 상승욕에 두었다면, ②는 고향에 붙박혀 살아도 좋은 전원 정서를 그 자연 풍광에 내맡기는 자연 친화 정신이 아름답다. ③의 어머니 행불 서사는 도농사회를 막론하고 현하 우리 사회가 겪고 있는 노인 치매 상황을 여실히 서술하고 있어 독해를 방해하는 것만큼이나 가슴 아프게 하는 형상화를 이루고 있는 서술시의 백미편이다. 특히 ②의 도입부 2개 행은 진정성의 서술시 서사 기법을 성취하고 있는 아름다운 레토릭 솜씨여서 새삼 이시향 서술시의 균제미(均齊美) 확보에 놀라움을 금치 못하는 것이다. 거듭 말해서 이시향 서술시의 균제미는 그 소재의 감정과 사

고(思考)를 통합하는 감수성의 미학 소산인 것이다. "송향리행 버스가/ 빗물이 고인 길을 참방참방 달려간다"는 이시향 서술시의 사물에 대한 스탠스(Stance)는 그렇게 아름답다. 곧 이시향 서술시의 정신의 아름다움이다. 그것이 이시향 서술시의 아름다운 균제미라는 것이다. 이제 여기 이시향 서술시의 변신(變身, Metamorpose)을 보는 시편으로써 척박하나마 평설글의 피날레에 접어들까 한다. 이시향 서술시 아닌 예술시 두 편이다.

①

바람 끝이 하도 매서워
언덕에 서지 못 했어예
밤이슬이 하도 차가워서
꽃을 차마 피우지 못 했어예
어떤 까닭 때문에
무엇이 되지 못하는 것은
박제된 꿈 안에 있기 때문이라예

—「변심」 전문

②

하장 고갯길 자작나무 숲에서
햇살이 달려 내려오더니
이슬 내린 풀잎에 앉는다

나는 풀잎 손을 잡고
어머니에게 가고자 하니
어느새 파릇파릇 잔설 지우는
삼월이 앞장서 간다

—「가는 길에」 전문

①은 「변심」, ②는 「가는 길에」 전문들이다. 두 작품 모두 7행씩 내외의 단시지만 서술시와는 맛이 다른 시풍이 아닐 수 없다. 이시향은 장단시 두루 재기가 번뜩이는 사백이다. 예시 ①과 ②가 두루 그렇다는 것이 ①은 행간 종결어미를 '~예' 라는 경상도 방언 어미로 처리해 독특한 어조를 형성하고 있다는 사실 하나만으로도 그렇다. ②는 ①과 같은 표현(Render)의 문제가 아니라, 시 내용의 메타포어 기법의 뛰어남이 그렇다는 것이다. 시 ②의 '어머니' 는 이 평설글 저 앞에 인용 평설한 서술시 「사모곡」의 행불된 혹은 작고한 어머니일 터이다. 그래서 시 ②의 시적 주체는 그 어머니 산소에라도 '가는 길에' 하장 고갯길 자작나무 숲에서 햇살 받은 이슬 내린 풀잎을 잡고 그 파릇파릇 잔설 지우는 봄을 맞이하는 것이다. 봄은 만물의 재생 부활의 이미지이다. 시적 주체의 저 베르그송 철학이 말하는 생(生)의 도약으로 가득 찬 의지(意志)의 미학인 것이다. 그리고 ①의 시인은 그 어머니께 살아생전의 부채감을 '~예' 의 눈물어린 미소와 같은 참회를 드린다고 볼 수 있겠다. 참

으로 저승에 계신 어머니께 사랑스러운 따님이 드리는 아리따운 어조인 것이다. 이시향 서술시가 새로운 시세계로 뻗어가는 아름다운 메타모르포제(변신)의 전향성의 성취 또한 이 첫 시집『돌의 단상』이 거두고 있는 성취 못지않기를 빌어 본다.

2013년 4월

서울 삼개나루 수당헌(樹堂軒)에서

문학세계대표작가선 685

돌의 단상

이시향 시집

인쇄 1판 1쇄 2013년 5월 20일
발행 1판 1쇄 2013년 5월 27일

지 은 이 : 이시향
펴 낸 이 : 金天雨
펴 낸 곳 : 도서출판 天雨
등 록 : 1992. 2. 15. 제1-1307호
주 소 : 서울시 성동구 무학봉28길 6 금용빌딩 2F(하왕십리동 966-23)
전 화 : 02)2298-7661
팩 스 : 02)2298-7665
http://www.moonhaknet.com
E-mail : ing@moonhaknet.com

값 7,000원

ISBN 978-89-7954-537-1